AF589734

PAPIER
FRESSERCHEN
MTM-VERLAG
DIE BÜCHER MIT DEM DRACHEN

Impressum:

Besuchen Sie uns im Internet:
www.papierfresserchen.de

Mühlstraße 10, D- 88085 Langenargen
Telefon: 08382/9090344
info@papierfresserchen.de
 Erstauflage 2016

Lektorat: Melanie Wittmann
Herstellung: Redaktions- und Literaturbüro MTM
www.literaturredaktion.de
Illustrationen und Cover: Karin Waldl
Gedruckt in der EU

ISBN: 978-3-86196-619-7

Karin Waldl

Der Kreuzweg

Jesus besiegt den Tod

Ewiges Leben in Gottes strahlendem Herzen

Jesus wird zum Tode verurteilt

Jesus, der Sohn unseres allmächtigen Gottes, beugt sich Pontius Pilatus. Dieser verurteilt ihn zum grausamen Tod am Kreuz. Der Verbrecher Barnabas erhält an seiner Stelle die Freiheit.

Während der Verurteilte gefoltert wird, wäscht Pontius Pilatus seine Hände in Unschuld. Wissend nimmt Jesus das Leid auf sich. Er kennt bereits das Ende seines Weges. Seine Anhänger hoffen, dass Jesus leben wird. Zu guter Letzt werden sie nicht enttäuscht.

Station 1

Jesus nimmt das Kreuz auf seine Schultern

Jesus erträgt demütig den Spott. Ein purpurroter Mantel und eine schmerzende Dornenkrone unterstreichen den Hohn.

Seine Peiniger spucken ihn an, sprechen ihm seine Königswürde ab und laden ihm das schwere Kreuz auf die Schultern.

Station 2

Jesus fällt zum ersten Mal unter dem Kreuz

Jesus bricht erschöpft unter dem Kreuz zusammen. Die Last ist unerträglich groß.

Doch er bleibt nicht liegen, ist entschlossen, die endlose Traurigkeit, die ihn wie ein grauer Schleier einhüllt, zu überwinden.

Station 3

Jesus begegnet seiner Mutter

Maria steht die aufrichtige Liebe zu ihrem Sohn ins Gesicht geschrieben. Mit brennendem Herzen steht sie am Wegesrand.

Es kostet sie Überwindung, dem unausweichlichen Schicksal ihres Sohnes weiterhin zu vertrauen.

Jesus wird Gottes Plan vollenden. Sie weiß, dass Gott sie nicht im Stich lässt.

Station 4

Simon von Cyrene hilft Jesus, das Kreuz zu tragen

Simon von Cyrene soll Jesus helfen, um das niederdrückende Kreuz zu tragen. Er spürt in der unmittelbaren Nähe zu Jesus die Heiligkeit in seinem Herzen.

Gott braucht Menschen wie Simon, die nicht tatenlos zusehen, sondern barmherzig handeln, um Gutes in dieser Welt zu bewirken.

Auch wenn es manchmal nicht so leicht ist, von vornherein zu erkennen, wo man gebraucht wird.

Station 5

Veronika reicht Jesus das Schweißtuch

Mit freundlicher Güte reicht Veronika Jesus ein Tuch, um seinen Schweiß von der Stirn zu wischen.

Sie grenzt sich von der hetzerischen Meute ab und setzt mit einer kleinen Geste ein wundervolles Zeichen.

Sie steht auf der Seite der Unterdrückten und damit auf derjenigen Gottes.

Station 6

Jesus fällt zum zweiten Mal unter dem Kreuz

Ein weiteres Mal drückt das schwere Kreuz Jesus zu Boden. Wie soll sich der trübe Schatten, der ihn gefangen hält, noch einmal lichten?

Doch er gibt sich der unausweichlich scheinenden Verzweiflung nicht hin. Erneut erhebt er sich und geht weiter.

Station 7

Jesus begegnet den weinenden Frauen

Die weinenden Frauen zeigen ihr Mitgefühl für Jesus. Sie wissen nichts von der Hoffnung, die Gott für uns bereithält.

Sie können die nahende Erlösung noch nicht erkennen. Sie haben die Schlechtigkeit der Menschen fest im Blick.

Sie trauern, weil Jesus seinen Peinigern schutzlos ausgeliefert ist.

Station 8

Jesus fällt zum dritten Mal unter dem Kreuz

Das Kreuz bricht abermals auf den erschöpften Jesus herein.

Er kann es nicht mehr aus eigener Kraft bezwingen.

Behutsam hilft Gott Jesus, aufzustehen und geduldig die Schmerzen des Kreuzweges zu ertragen.

Station 9

Jesus wird seiner Kleider beraubt

Auf der Schädelhöhe, Golgota, angekommen, würfeln sie um Jesu Kleider.

Beschämt steht er nackt und entblößt da, wartend auf die letzte Gerechtigkeit, die ihm Gott zuteilwerden lässt.

Station 10

Jesus wird ans Kreuz genagelt

Die Nägel bohren sich in sein Fleisch. Sie wollen nicht glauben, dass Jesus unser König und unser Retter ist.

Aber die Zeit ist noch nicht gekommen.

Er weigert sich standhaft, vom Kreuz zu steigen, aus liebevoller Gnade, die er sogar für die Menschen übrig hat, die ihn verspotten.

Station 11

Jesus stirbt am Kreuz

Die Welt verfinstert sich. Sie geben Jesus Essig zu trinken.

Großherzig vergibt er dem Verbrecher, der in seiner Todesstunde den Glauben an Gott findet.

Aber Jesus selbst fühlt sich von Gott verlassen, weil mit seinem Sterben alles Böse mit in den Tod gerissen wird.

Das geschieht, um den Menschen das Schlechte, das ihre Herzen vergiftet, immer wieder aufs Neue vergeben zu können.

Jesus nimmt das Los auf sich, damit wir unmittelbar in der Nähe Gottes sein können.

In der anhaltenden Dunkelheit stirbt er, bringt es zur Vollendung.

Sogar der römische Hauptmann erkennt nun in Jesus Gottes Sohn.

Station 12

Jesus wird vom Kreuz genommen

Tot liegt Jesus in den Armen seiner Mutter Maria. Unveränderlich liebt sie den Menschen Jesus, den sie einst zur Welt bringen durfte.

Sie vergießt ihre mütterlichen Tränen.

Doch in ihrem Hinterkopf lodert das Feuer der Hoffnung, das ihr das Göttliche in Jesus verheißt.

Station 13

Der Leichnam Jesu wird in das Grab gelegt

In Treue und Weisheit lässt Josef von Arimathäa Jesu Leichnam in sein Grab bringen.

Dort wird er zur letzten Ruhe gebettet. Ungläubig nehmen seine Anhänger seinen Tod zur Kenntnis.

Ihre Traurigkeit überschattet die Gewissheit ihres Herzens, dass dies nicht das endgültige Ende ihres Herrn und Meisters sein kann.

Station 14

Jesus ist auferstanden

Die beiden Frauen entdecken das leere Grab. Nur das Leintuch, in das Jesu Leichnam gehüllt war, finden sie dort. Wenig später begegnet ihnen der Auferstandene, der Messias.

Es ist Jesus und er lebt!

Das Leben ist stärker als der Tod. Gottes Liebe zu uns Menschen ist stärker als der Hass, den wir so oft verbreiten.

Der König der Herzen, wie Jesus auch genannt wird, strahlt wie die aufgehende Sonne.

Seine Macht schenkt uns Vergebung, Erlösung, Errettung und Heil.

In seiner Liebe dürfen wir leben, denn die Zeit ist erfüllt.

Unsere Herzen sind reingewaschen für seine langmütige und vollkommene Liebe.

Station 15

Die Autorin

Karin Waldl wurde 1982 in Wels (Oberösterreich) geboren. Heute lebt sie mit ihrem Mann und ihren drei Kindern in Rüstorf bei Schwanenstadt. Sie hat Pädagogik studiert und in den Fächern Religion, Mathematik und Geometrisch Zeichnen ihren Abschluss gemacht. Sie arbeitet heute als NMS Lehrerin neben ihrer wertvollen Arbeit als Familienfrau.

Durch ihre religionspädagogische Arbeit im Beruf und die heutigen Aktivitäten in der Gemeinde entstanden die Ideen zu ihren Kinder- und Jugendbüchern sowie Romanen.

Ihre Bücher

Es ist ein aufregendes Schuljahr für Eva und ihre Freunde, denn die Erstkommunion steht direkt vor der Tür.
Evas Mutter Julia leitet die Vorbereitungsstunden und hat dabei ein gutes Gespür für spannende Geschichten, die die Kinder fesseln.
Zufällig lernt Eva ihre Nachbarin Hilde besser kennen und erfährt, warum sie immer so traurig ist.
Turbulent geht es weiter in Evas Leben, als sich ein Junge im Turnunterricht das Schlüsselbein bricht oder das Milchgeld gestohlen wird. Eva lernt, dass nicht immer die Sonne in unseren Herzen scheint, aber dass Jesus immer ganz nahe bei uns sein möchte. Diese Liebe Gottes spürt sie deutlich bei der Erstkommunion, als sie das Brot des Lebens erhält.

Karin Waldl: Eva und das Brot des Lebens
Eine Geschichte für Erstkommunionkinder

ISBN: 978-3-86196-654-8
Taschenbuch, 92 Seiten, illustriert

Ihre Bücher

Mavie Brunner träumt sich in eine erdachte Welt aus Sternenlicht und Sternenstaub. Dort verliebt sie sich fern der Wirklichkeit in einen Zentauren. Schrittweise verliert sie sich in ihrer Fantasiewelt, die sie gefangen nimmt und wie ein unliebsamer Schatten ihr Herz umwebt.

Ein Junge aus ihrer Klasse kämpfte verbissen um Mavies Zuneigung, die sie nicht imstande ist zu erwidern. Mavie fühlt sich unverstanden, sucht Trost in den Briefen ihrer Mutter. Darin ist das Leben ihres verstorbenen und geliebten Vaters beschrieben. Langsam begreift sie, dass der unausweichliche Abschied von ihrer Traumwelt für immer bevorsteht ...

Karin Waldl: Funkelnder Sternenstaub

Roman
Taschenbuch, 238 Seiten, ISBN: 978-3-96074-001-8

Ihre Bücher

Fabian musste von Deutschland nach Österreich ziehen. Er fühlte sich unwohl in der neuen Klasse. Doch sein Mitschüler Daniel verhalf ihm dazu, dass er akzeptiert wurde. Fabian meldete sich sogar zur Firmvorbereitung an, weil die anderen es auch taten. Die Gruppenleiterin Pamela erklärte die Geschichten über Gott so natürlich, dass alles einleuchtend erschien für Fabian. Es machte richtig Spaß.

Als ein Mitschüler von Fabians Freund Daniel verdroschen wurde, verzieh dieser einfach so seinem Peiniger und beeindruckte damit alle. Fabian war nicht so überzeugt, dass Verzeihen so leicht war. Aber bei der Versöhnungsfeier der Firmlinge erkannte er, dass Verzeihen ein Wunsch Gottes auf ein gutes Leben für uns ist.

Karin Waldl: Ways to God
Ein Buch für die Firmvorbereitung

ISBN: 978-3-86196-684-5
Taschenbuch, 92 Seiten, illustriert

www.ingramcontent.com/pod-product-compliance
Ingram Content Group UK Ltd.
Pitfield, Milton Keynes, MK11 3LW, UK
UKHW060039010826
14090UKWH00040B/85

* 9 7 8 3 8 6 1 9 6 6 1 9 7 *